essentials

essentials liefern aktuelles Wissen in konzentrierter Form. Die Essenz dessen, worauf es als „State-of-the-Art" in der gegenwärtigen Fachdiskussion oder in der Praxis ankommt. *essentials* informieren schnell, unkompliziert und verständlich

- als Einführung in ein aktuelles Thema aus Ihrem Fachgebiet
- als Einstieg in ein für Sie noch unbekanntes Themenfeld
- als Einblick, um zum Thema mitreden zu können

Die Bücher in elektronischer und gedruckter Form bringen das Expertenwissen von Springer-Fachautoren kompakt zur Darstellung. Sie sind besonders für die Nutzung als eBook auf Tablet-PCs, eBook-Readern und Smartphones geeignet. *essentials:* Wissensbausteine aus den Wirtschafts-, Sozial- und Geisteswissenschaften, aus Technik und Naturwissenschaften sowie aus Medizin, Psychologie und Gesundheitsberufen. Von renommierten Autoren aller Springer-Verlagsmarken.

Weitere Bände in der Reihe http://www.springer.com/series/13088

Karin Nickenig

Die Bilanz im Unternehmen

Erstellung und Analyse

Karin Nickenig
Mülheim-Kärlich, Deutschland

ISSN 2197-6708   ISSN 2197-6716   (electronic)
essentials
ISBN 978-3-658-20418-1   ISBN 978-3-658-20419-8   (eBook)
https://doi.org/10.1007/978-3-658-20419-8

Die Deutsche Nationalbibliothek verzeichnet diese Publikation in der Deutschen Nationalbibliografie; detaillierte bibliografische Daten sind im Internet über http://dnb.d-nb.de abrufbar.

Springer Gabler

Was Sie in diesem *essential* finden können

- Grundlagen der Bilanzierung (Auswahl wichtiger Positionen)
- Ausgewählte Bilanzierungsregeln
- Bilanzanalyse
- Kritik an der Bilanzanalyse

Vorwort

Dieses *essential* soll sowohl dem Laien als auch dem Praktiker die Möglichkeit geben, sich einen stark vereinfachten Überblick hinsichtlich Erstellung und Auswertung von Bilanzen zu verschaffen. Denn: Die Bilanz ist neben der Gewinn- und Verlustrechnung eine wesentliche Komponente des Jahresabschlusses und muss von jedem buchführungspflichtigen Unternehmer erstellt und gegebenenfalls veröffentlicht werden.

Wichtiger Hinweis: Die vorliegende Lektüre ersetzt keine steuerliche Beratung.

Karin Nickenig

Inhaltsverzeichnis

Grundlagen der Buchführung/ Bilanzierung 1

Die *Bilanz und Gewinn- und Verlustrechnung* sind das Ergebnis der Buchführung, die von buchführungspflichtigen Unternehmern erstellt werden muss. Sie wird aber auch von denjenigen Unternehmern erstellt, die eigentlich von der Buchführungspflicht befreit sind, jedoch freiwillig bilanzieren, um beispielsweise einen besseren Überblick hinsichtlich Vermögen und Kapital zu erlangen.

Zunächst wird im nachfolgenden Kapitel die Buchführungspflicht nach Handels- und Steuerrecht kurz beleuchtet, um im Anschluss auf die Bilanz und Gewinn- und Verlustrechnung, sowie deren Gliederung einzugehen.

1.1 Gesetzliche Grundlagen im Rahmen von Handels- und Steuerrecht

Im aktuellen Kapitel werden die *Buchführungspflicht* nach Handels- und Steuerrecht kurz dargestellt, um dem Leser einen Einblick in die gesetzlichen Vorschriften zu liefern. Im Anschluss erfolgt die Darstellung des Aufbaus des Jahresabschlusses inklusive Erläuterung der drei wichtigsten Komponenten: Bilanz, Gewinn- und Verlustrechnung und Anhang (bei Kapitalgesellschaften).

1.1.1 Buchführungspflicht nach Handelsrecht

Die *Buchführung* selbst, also die Erfassung des betrieblichen Zahlenmaterials, ist gesetzlich vorgeschrieben. Die zugrunde liegenden Gesetze sind das Handelsgesetzbuch (HGB) und die Abgabenordnung (AO). Nur die buchführungspflichtigen Unternehmer müssen eine Bilanz, eine Gewinn- und Verlustrechnung und (bei Kapitalgesellschaften) einen Anhang zu erstellen. Alle nicht buchführungspflichtigen

© Springer Fachmedien Wiesbaden GmbH 2017
K. Nickenig, *Die Bilanz im Unternehmen,* essentials,
https://doi.org/10.1007/978-3-658-20419-8_1

Unternehmer erstellen Aufzeichnungen und ermitteln ihren betrieblichen Gewinn anhand einer Einnahmen-Überschuss-Rechnung gemäß § 4 (3) EStG [1].

1.1.2 Buchführungspflicht nach Steuerrecht

Nachdem zuvor die Buchführungspflicht im handelsrechtlichen Sinne geprüft wurde, ist im zweiten Schritt, die Verpflichtung zur Erstellung einer Buchführung auch aus steuerlicher Perspektive zu prüfen.

Hierzu dient ein Blick in die Abgabenordnung (kurz: AO). Die AO ist auch als das „Grundgesetz der Steuergesetze" bekannt.

Zur Klärung der *Buchführungspflicht* sind die Vorschriften §§ 140, 141 AO [8, 9] maßgebend.

Man unterscheidet zwischen der *derivativen (abgeleiteten) Buchführungspflicht* und der *originären (selbstständigen) Buchführungspflicht.*

Die *derivative Buchführungspflicht* ist geregelt im § 140 AO [8]:

§ 140 AO – Buchführungs- und Aufzeichnungspflichten nach anderen Gesetzen

Wer nach anderen Gesetzen als den Steuergesetzen Bücher und Aufzeichnungen zu führen hat, die für die Besteuerung von Bedeutung sind, hat die Verpflichtungen, die ihm nach den anderen Gesetzen obliegen, auch für die Besteuerung zu erfüllen. [8]

Ist jemand nicht nach vorgenannter Vorschrift zur Buchführung verpflichtet, kann es sein, dass er trotzdem Bücher führen muss, wenn er beispielsweise als Gewerbetreibender die Umsatzgrenze von 600.000,00 EUR oder die Gewinngrenze von 60.000,00 EUR übersteigt. Hierzu heißt es im § 141 AO [9]:

§ 141 AO – Buchführungspflicht bestimmter Steuerpflichtiger

(1) Gewerbliche Unternehmer sowie Land- und Forstwirte, die nach den Feststellungen der Finanzbehörde für den einzelnen Betrieb

1. Umsätze einschließlich der steuerfreien Umsätze [...] von mehr als 600.000 EUR im Kalenderjahr oder [...]

4. einen Gewinn aus Gewerbebetrieb von mehr als 60.000 EUR im Wirtschaftsjahr oder

5. einen Gewinn aus Land- und Forstwirtschaft von mehr als 60.000 EUR im
   Kalenderjahr
   gehabt haben, sind auch dann verpflichtet, für diesen Betrieb Bücher zu führen und auf Grund jährlicher Bestandsaufnahmen Abschlüsse zu machen,
   wenn sich eine Buchführungspflicht nicht aus § 140 ergibt. […] [9]

Für den Fall, dass der Unternehmer zur Gruppe der nicht buchführungspflichtigen Selbstständigen zählt und sich auch nicht freiwillig für die Buchführungspflicht entscheidet, ist eine *Einnahmen-Überschuss-Rechnung* im Sinne des § 4
(3) EStG [1] zu erstellen. Hier werden den betrieblichen Einnahmen die betrieblichen Ausgaben nach dem Zufluss-/Abflussprinzip gemäß § 11 EStG [10] gegenübergestellt, um das betriebliche Ergebnis zu ermitteln. Eine nach Vermögen und
Kapital gegliederte Darstellung erfolgt hierbei nicht.

1.2 Aufbau des Jahresabschlusses

Der *Jahresabschluss* ist, wie der Begriff es schon aussagt, ein Abschluss basie-
rend auf dem innerhalb eines Wirtschaftsjahres im Rahmen der Buchführung
erfassten betrieblichen Zahlenmaterials. Der Abschluss mündet in die Bilanzkom-
ponenten *Bilanz, Gewinn- und Verlustrechnung* und *Anhang* (bei Kapitalgesellschaften). Neben den vorgenannten Bestandteilen gibt es natürlich noch weitere.
Allerdings werden im Folgenden lediglich die drei wichtigsten, nämlich die drei
vorgenannten Komponenten vorgestellt.

1.2.1 Bilanz

Die *Bilanz* (ital. „bilancia" = Waage) ist eine *Stichtagsbetrachtung.* Zum Bilanzstichtag (häufig 31.12.XX) wird die Vermögensseite (Aktiva) der Kapitalseite
(Passiva) numerisch gegenübergestellt.

Während die Vermögensseite der Frage nachgeht: „Wohin geht das Geld?",
fragt die Kapitalseite „Woher kommt das Geld?".

Die Aktivseite wird somit als Investitionsseite bezeichnet, die Passivseite als
Finanzierungsseite.

AKTIVA			Bilanz zum 31.12.01		PASSIVA					
				EUR						EUR
A.			**Anlagevermögen**		**A.**			**Eigenkapital**		8440,00
	I.		Sachanlagen							
		1.	Grundstücke	15.000,00						
		2.	Betriebs- und Geschäftsausstattung	20.000,00						
	II.		Finanzanlagen		**B.**			**Rückstellungen**		
			Beteiligungen	5500,00		1.		Rückstellungen für Pensionen und ähnliche Verpflichtungen		25.300,00
B.			**Umlaufvermögen**			2.		Steuerrückstellungen		12.500,00
	I.		Vorräte							
			Waren	7000,00						
	II.		**Forderungen und sonstige Vermögensgegenstände**							
		1.	Forderungen aus Lieferungen und Leistungen	12.250,00	**C.**			**Verbindlichkeiten**		
		2.	Sonstige Vermögensgegenstände	3200,00		1.		Verbindlichkeiten gegenüber Kreditinstituten		5300,00
	III.		**Kassenbestand, Bundesbankguthaben, Guthaben bei Kreditinstituten und Schecks**			2.		Verbindlichkeiten aus Lieferungen und Leistungen		23.300,00
		1.	Bank	11.320,00						
		2.	Kasse	570,00						
Bilanzsumme				**74.840,00**	Bilanzsumme					**74.840,00**

Weitere Informationen zur Bilanzgliederung finden sich für Nichtkapitalgesellschaften im § 247 HGB [2] und für Kapitalgesellschaften, deren Bilanzen detailliert bzw. tiefer gegliedert werden müssen, im § 266 HGB [3].

Die Bilanz wird als wesentliche Komponente als Jahresabschluss auf den Daten der betrieblichen Buchführung erstellt und umfasst einen Zeitraum von 12 Monaten (Wirtschaftsjahr). Das Geschäftsjahr muss nicht immer den Zeitraum vom 01.01. bis zum 31.12. eines Jahres umfassen.

Kaufleute dürfen gemäß § 4a EStG auch ein vom Kalenderjahr abweichendes Wirtschaftsjahr wählen.

Um eine Bilanzanalyse durchführen zu können und über einen mehrjährigen Zeitraum verlässliche und aussagekräftige Ergebnisse zu erzielen, empfiehlt sich die Erstellung einer Strukturbilanz, die die Berechnung von ausgewählten Bilanzkennziffern ermöglicht bzw. erheblich erleichtert.

Weitere Informationen finden Sie in Abschn. 5.1 „Strukturbilanz".

▶   Die Bilanz ist eine *Stichtagsbetrachtung,* bei der *Vermögen (Aktiva)* und *Kapital (Passiva)* auf den Bilanzstichtag gegenübergestellt werden. Sie ist stets ausgeglichen und ist neben der *Gewinn- und Verlustrechnung* die wichtigste Komponente im Rahmen des Jahresabschlusses.

1.2.2   Gewinn- und Verlustrechnung

Die *Gewinn- und Verlustrechnung (kurz: GuV)* ist eine weitere sehr wichtige Komponente des Jahresabschlusses. Als Unterkonto des Kontos „Eigenkapital" wird mit ihrer Hilfe der betriebliche Erfolg, der innerhalb eines Wirtschaftsjahres erzielt wurde, dargestellt. Es werden gemäß Gliederung nach § 275 HGB betriebliche Erträge (Wertzuwächse) den betrieblich verursachten Aufwendungen (Wertverzehr) gegenübergestellt. Das Ergebnis ist der betriebliche Gewinn oder Verlust.

Die *Gewinn- und Verlustrechnung* besteht aus Erfolgskonten, den Aufwands- und Ertragskonten. Während die Bilanz eine Stichtagsbetrachtung darstellt, handelt es sich bei der GuV um eine *Zeitraumbetrachtung.*

Sie kann nach dem Umsatzkosten- oder Gesamtkostenverfahren gegliedert werden. Das Ergebnis ist bei beiden möglichen Darstellungsformen gleich.

Im Rahmen einer Zeitraumbetrachtung werden in der GuV Erträge und Aufwendungen der abgelaufenen Wirtschaftsperiode (in der Regel 12 Monate) gegenübergestellt, um den Gewinn bzw. Verlust zu ermitteln.

1.2.3 Anhang

Der *Anhang* ist neben der Bilanz und Gewinn- und Verlustrechnung eine wichtige Komponente des Jahresabschlusses bei Unternehmen mit bestimmten Rechtsformen (z. B. Kapitalgesellschaften), aber auch von Konzernen (Konzern-Anhang).

Inhalte des *Anhangs* sind gemäß § 284 HGB [6] Erläuterungen zur Bilanz und Gewinn- und Verlustrechnung. Hierzu zählen beispielsweise angewandte Bilanzierungs- und Bewertungsmethoden, Abweichungen zu den vorgenannten Methoden, Entwicklung der Anlagegüter im Anlagenverzeichnis inklusive Abschreibungen, Zuschreibungen und vieles mehr.

Die sonstigen Pflichtangaben finden sich im § 285 HGB [7]. Hierzu zählen beispielsweise die Angaben zu Verbindlichkeiten, deren Restlaufzeit mehr als 5 Jahre beträgt, mögliche Risiken bei bestimmten Sachverhalten, die Anzahl der im Durchschnitt beschäftigten Arbeitnehmer im Wirtschaftsjahr, Angaben zu Abschreibung von Firmenwerten und weiteres. Die Aufzählung und Darstellung würde den Rahmen dieses *essentials* sprengen, daher erfolgt an dieser Stelle lediglich der Verweis auf die vorgenannte handelsrechtliche Vorschrift.

▶ Der **Anhang** dient zur Erläuterung und Ergänzung relevanter Positionen in der Bilanz und Gewinn- und Verlustrechnung. Willkürliche Interpretationen sollen hierdurch vermieden werden.

Bilanzierungsgrundsätze 2

Um eine gesetzlich korrekte und aussagekräftige Bilanz erstellen zu können, müssen bestimmte *„Spielregeln"* beachtet werden. Diese sind dazu bestimmt, fremde Dritte, welche sich mit dem Jahresabschluss auseinandersetzen, vor fehlerhaften Informationen zu schützen.

Einige ausgewählte handelsrechtliche Bilanzierungsregeln werden in diesem Kapitel vorgestellt. Es gibt noch weitere Vorgaben, die an dieser Stelle nicht weiter thematisiert werden.

2.1 Grundsatz der Bilanzwahrheit

Jeder buchführungspflichtige Unternehmer bzw. jeder Unternehmer, der freiwillig Bücher führt und am Ende des Wirtschaftsjahres eine Bilanz auf der Basis der Buchführung erstellt, muss den *Grundsatz der Bilanzwahrheit* beachten. Hier gilt es, sämtliche relevante betriebliche Sachverhalte realistisch und wahr darzustellen.

▶ **§ 239 HGB – Führung von Handelsbüchern**

[…]
(2) Die Eintragungen in Büchern und die sonst erforderlichen Aufzeichnungen müssen […] richtig, […] vorgenommen werden. […] [11]

Werden falsche Informationen im Jahresabschluss dargestellt, sind negative Folgen für wichtige unternehmerische Entscheidungen zu befürchten.

© Springer Fachmedien Wiesbaden GmbH 2017
K. Nickenig, *Die Bilanz im Unternehmen,* essentials,
https://doi.org/10.1007/978-3-658-20419-8_2

2.2   Grundsatz der Klarheit und Übersichtlichkeit

Der *Grundsatz der Klarheit und Übersichtlichkeit* verlangt vom Jahresabschlussersteller, dass sowohl die Bilanz als auch die Gewinn- und Verlustrechnung nach gesetzlichen Vorgaben aufgestellt werden müssen und eine klare und übersichtliche Struktur erkennen lassen:

§ 243 HGB – Aufstellungsgrundsatz

(1)   Der Jahresabschluß ist nach den Grundsätzen ordnungsmäßiger Buchführung aufzustellen.

(2)   Er muß klar und übersichtlich sein. [...] [13]

Im Hinblick auf die Gewinn- und Verlustrechnung sind die Gliederungsvorschrift gemäß § 275 HGB [5] zu beachten, hinsichtlich der Bilanz die handelsrechtliche Vorgabe nach § 266 HGB [3] für Kapitalgesellschaften und für Nichtkapitalgesellschaften § 247 HGB [2].

Hiermit soll gewährleistet werden, dass ein *sachverständiger Dritter* in angemessener Zeit einen Überblick hinsichtlich der Vermögens- und Ertragslage erhalten kann.

2.3   Grundsatz der Vollständigkeit

Im Rahmen der Bilanzierung müssen relevante Vorgänge *vollständig* erfasst und in der Bilanz und Gewinn- und Verlustrechnung ausgewiesen werden. Es gilt der *Grundsatz der Vollständigkeit.*

▶   **§ 239 HGB – Führung von Handelsbüchern**

[...]

(2) Die Eintragungen in Büchern und die sonst erforderlichen Aufzeichnungen müssen vollständig [...] vorgenommen werden. [...] [11]

Unvollständige Angaben verzerren das Ergebnis und führen u. a. zu kaufmännischen Fehlentscheidungen.

2.4 Grundsatz der periodengerechten Abgrenzung

Bei der Bilanzierung ist auch stets darauf zu achten, dass die relevanten betrieblichen Vorgänge *periodengerecht* erfasst werden. Das bedeutet, es dürfen keine Erträge oder Aufwendungen in einem Wirtschaftsjahr erfasst werden, zu dem diese nicht gehören. Dieses würde die Aussagekraft von Bilanz und Gewinn- und Verlustrechnung verzerren.

▶ **§ 239 HGB – Führung von Handelsbüchern**

[…]
(2) Die Eintragungen in Büchern und die sonst erforderlichen Aufzeichnungen müssen […] zeitgerecht vorgenommen werden. […] [11]

Um periodengerecht abzugrenzen, werden z. B. *Aktive* und *Passive Rechnungsabgrenzungsposten*, aber auch *Sonstige Forderungen* und *Sonstige Verbindlichkeiten* gebucht.

2.5 Grundsatz der Bilanzidentität

Der *Grundsatz der Bilanzidentität* besagt, dass die Schlussbilanz des letzten Wirtschaftsjahres (Stichtag z. B. 31.12.01) der Eröffnungsbilanz des darauffolgenden Wirtschaftsjahres (Stichtag z. B. 01.01.02) entsprechen muss.
Es gilt § 252 (1) Nr. 1 HGB [12]:

§ 252 HGB – Allgemeine Bewertungsgrundsätze

(1) Bei der Bewertung der im Jahresabschluß ausgewiesenen Vermögensgegenstände und Schulden gilt insbesondere folgendes: […]
1. Die Wertansätze in der Eröffnungsbilanz des Geschäftsjahrs müssen mit denen der Schlußbilanz des vorhergehenden Geschäftsjahrs übereinstimmen. […] [12]

Wird dieser Grundsatz nicht beachtet, sind nachfolgende Auswertungen fehlerhaft und für die betriebliche Entscheidungsfindung, aber auch für Besteuerungszwecke kaum brauchbar.

2.6   Grundsatz der Unternehmensfortführung

Im Rahmen der ordnungsgemäßen Bilanzierung ist der *Grundsatz der Unternehmensfortführung* (auch: *„going-concern-Prinzip"*) zu beachten. Das bedeutet, dass bei der Bewertung von Bilanzpositionen davon auszugehen ist, dass das Unternehmen noch einige Zeit existiert, also fortgeführt und nicht kurzfristig aufgegeben wird. Geregelt ist diese Vorgabe ebenfalls im HGB:

§ 252 HGB – Allgemeine Bewertungsgrundsätze

(1) Bei der Bewertung der im Jahresabschluß ausgewiesenen Vermögensgegenstände und Schulden gilt insbesondere folgendes: [...]

2. Bei der Bewertung ist von der Fortführung der Unternehmenstätigkeit auszugehen, sofern dem nicht tatsächliche oder rechtliche Gegebenheiten entgegenstehen. [...] [12]

Wüsste man im Rahmen der Bilanzerstellung von einer bevorstehenden Unternehmensaufgabe, würde die Bewertung gegebenenfalls unter anderen Gesichtspunkten erfolgen.

2.7   Grundsatz der Einzelbewertung

Vermögensgegenstände und Schulden sind nach den handelsrechtlichen Vorschriften grundsätzlich einzeln zu bewerten. Dieses sieht der *Grundsatz der Einzelbewertung* vor:

§ 252 HGB – Allgemeine Bewertungsgrundsätze

(1) Bei der Bewertung der im Jahresabschluß ausgewiesenen Vermögensgegenstände und Schulden gilt insbesondere folgendes: [...]

3. Die Vermögensgegenstände und Schulden sind zum Abschlußstichtag einzeln zu bewerten. [...] [12]

Das Zusammenfassen von Vermögensgegenständen zu gleichartigen Gruppen ist gegebenenfalls möglich. Ansonsten soll auch diese Vorschrift dazu dienen, Verzerrungen von relevanten Informationen zu vermeiden.

2.8   Grundsatz der Vorsicht („Vorsichtsprinzip")

Der Grundsatz der Vorsicht findet sich im § 252 (1) Nr. 4 HGB [12]:

§ 252 HGB – Allgemeine Bewertungsgrundsätze

(1) Bei der Bewertung der im Jahresabschluß ausgewiesenen Vermögensgegenstände und Schulden gilt insbesondere folgendes: [...]

4. Es ist vorsichtig zu bewerten, namentlich sind alle vorhersehbaren Risiken und Verluste, die bis zum Abschlußstichtag entstanden sind, zu berücksichtigen, selbst wenn diese erst zwischen dem Abschlußstichtag und dem Tag der Aufstellung des Jahresabschlusses bekanntgeworden sind; Gewinne sind nur zu berücksichtigen, wenn sie am Abschlußstichtag realisiert sind. [...] [12]

Das sogenannte *Vorsichtsprinzip* soll dazu beitragen, fremde Dritte, welche sich den Jahresabschluss anschauen und analysieren, nicht über die tatsächlichen unternehmerischen Verhältnisse hinwegzutäuschen. Daher ist das bilanzielle Vermögen eher niedriger („Niederstwertprinzip"), die Schulden eher höher („Höchstwertprinzip") zu bewerten.

Im Zusammenhang mit dem *Vorsichtsprinzip* steht das *Imparitäts-* bzw. *Realisationsprinzip*.

Imparitätsprinzip („Verlustantizipation")

Das *Imparitätsprinzip* steht für die *Ungleichbehandlung* von nicht realisierten Gewinnen und nicht realisierten Verlusten am Bilanzstichtag. Im Rahmen der Verlustantizipation (Verlustvorwegnahme) sind drohende Verluste zum Bilanzstichtag zwingend im Jahresabschluss auszuweisen, um fremde Dritte nicht zu täuschen. Ein klassisches Beispiel ist der drohende Forderungsausfall, der in der Folge nicht immer stattfindet. Aber zur Vorsicht ist dieser bereits auszuweisen, sofern die Forderung zweifelhaft wird und der Zahlungseingang am Bilanzstichtag nicht sicher erscheint.

Realisationsprinzip

Das *Realisationsprinzip* besagt, dass lediglich Gewinne im Jahresabschluss ausgewiesen werden dürfen, wenn diese bis zum Bilanzstichtag realisiert wurden. Das bedeutet, dass reine Spekulationen hinsichtlich möglicher zukünftiger Umsätze durch beispielsweise Neukunden, nicht zu den realisierten Gewinnen zählen und somit auch nicht ausgewiesen werden dürfen.

Bilanzanalyse – Grundlagen 3

Zunächst ist anzumerken, dass eine *Bilanzanalyse* nicht gesetzlich vorgeschrieben ist. Aber: Die *Bilanzanalyse* ist für jeden buchführungspflichtigen Unternehmer, aber natürlich auch für diejenigen, welche freiwillig Bücher führen, ein absolutes Muss, wenn es um die erfolgreiche Unternehmensführung geht.

Nur aufgrund einer *Analyse* – auch anhand von Kennziffern – ist es möglich, zu erkennen, was in der Vergangenheit aus unternehmerischer Sicht erfolgreich oder weniger erfolgreich umgesetzt wurde. Natürlich ist diese Betrachtung in diesem *essential* rein auf buchhalterische Vorgänge beschränkt.

Im vorliegenden Kapitel wird unter anderem auf den *relevanten Personenkreis* und den *Sinn einer Bilanzanalyse* eingegangen.

3.1 Relevanter Personenkreis

Die Frage, wer überhaupt eine Bilanzanalyse durchführen sollte, ist recht einfach zu beantworten: *jeder buchführungspflichtige Unternehmer* bzw. auch derjenige, welcher *freiwillig* Bücher führt.

Dabei kann er entweder selbst die Analyse innerhalb des Unternehmens durchführen (lassen) oder einen fremden Dritten außerhalb des Unternehmens mit der Auswertung beauftragen. Im ersten Fall handelt es sich um eine sogenannte *interne Bilanzanalyse*, im zweiten Fall um eine *externe Auswertung*.

Die Zerlegung und Analyse des im Jahresabschluss erfassten Zahlenmaterials liefert wesentliche Erkenntnisse über den numerischen Erfolg oder Misserfolg in der betrachteten (abgelaufenen) Wirtschaftsperiode. Die aus der Bilanzanalyse erzielten Informationen dienen als Basis für zukünftige vernünftige kaufmännische Entscheidungen innerhalb des Unternehmens.

© Springer Fachmedien Wiesbaden GmbH 2018
K. Nickenig, *Die Bilanz im Unternehmen*, essentials,
https://doi.org/10.1007/978-3-658-20419-8_3

Eine Bilanzanalyse ist gesetzlich nicht vorgeschrieben, also freiwillig. Aber neben der Selbstinformation des Unternehmers gibt es noch einen weiteren Grund, eine Auswertung des Jahresabschlusses durchzuführen: der Informationswunsch unterschiedlicher Interessenten.

Bilanzanalyse-Interessenten

Wie bereits erwähnt, ist es für jeden Unternehmer, der einen Jahresabschluss erstellt, sehr sinnvoll, eine Bilanzanalyse durchzuführen, um zukünftig gute und kaufmännisch vernünftige Entscheidungen im Unternehmen treffen und den (erfolgreichen) Fortbestand des Unternehmens garantieren zu können.

Aber es gibt noch andere Personen/Interessenten, die aus gutem Grund wissen möchten, wie das Unternehmen da steht. Hierzu zählen beispielsweise die Mitarbeiter, welche sich gegebenenfalls um die Sicherheit ihres Arbeitsplatzes sorgen. Darüber hinaus interessieren sich Darlehen gewährende Banken für aussagekräftige Auswertungen. Auch Eigenkapitalgeber möchten wissen, ob ihr Kapital in ein erfolgreiches und gewinnbringendes Unternehmen investiert wird oder nicht. Auch sonstige Interessenten (z. B. Kunden), welche eine Geschäftsbeziehung mit dem entsprechenden Unternehmen anbahnen möchten, sind an der Analyse interessiert.

Zusammenfassend lässt sich festhalten, dass eine Bilanzanalyse (eigentlich) den tatsächlichen Abschluss eines Wirtschaftsjahres darstellt.

▶　　Die Bilanzanalyse ist vergangenheitsorientiert aber wichtiger Bestandteil für kaufmännisch vernünftige Entscheidungen in der Zukunft.

3.2　Sinn einer Bilanzanalyse

Der *Sinn einer Bilanzanalyse* wurde bereits mehrfach erwähnt: er dient zur *Information unterschiedlicher Interessenten* und zur *Vorbeugung* fehlerhafter bzw. kaufmännisch sinnloser Entscheidungen des Entscheidungsträgers im Unternehmen. Darüber hinaus lassen sich Prognosen hinsichtlich zukünftiger Entwicklungen treffen.

Zahlreiche Insolvenzen in der Vergangenheit hätten sicherlich vermieden werden können, wenn rechtzeitig, nach Auswertung des Jahresabschlusses entsprechende Maßnahmen zur *„Substanzerhaltung"* des Betriebs umgesetzt worden wären.

Häufig wird in der Praxis die Buchführung als eher „lästige" Pflicht angesehen anstatt einer Chance, den Unternehmenserfolg kontrolliert und zahlentechnisch fundiert nach oben zu steuern.

Das Missachten von wichtigen Warnsignalen, die bereits unterjährig im Rahmen der Buchführung auftauchen können (z. B. stetiger Rückgang des Umsatzes oder stetige Steigerung der Kosten bei gleichbleibendem oder fallendem Umsatz), kann in manchen Fällen sehr schnell zur vorübergehenden Zahlungsunfähigkeit und in letzter Konsequenz zur Insolvenz (endgültige Zahlungsunfähigkeit) führen.

Dies ist häufig eine vermeidbare Situation, denn.

▶ Information ist ein wichtiger Garant für unternehmerischen (geplanten) Erfolg.

Diese Information sollte sich ein Entscheidungsträger monatlich verschaffen. Dies kann beispielsweise anhand von Betriebswirtschaftlichen Auswertungen (kurz: BWA), also den sogenannten kurzfristigen Erfolgsrechnungen, erfolgen im Zusammenhang mit den monatlichen Summen- und Saldenlisten sowie den Offene-Posten-Listen (kurz: OPOS-Listen), die die offenen Bestände an Forderungen oder Schulden wiedergeben.

Qualitative Bilanzanalyse 4

Die *qualitative Bilanzanalyse* beschäftigt sich im Gegensatz zur quantitativen Bilanzanalyse mit der Auswertung der Bilanz und zugehöriger Komponenten in *verbaler Form*.

4.1 Semantische und Syntaktische Analyse

Die Analyse verbaler Informationen z. B. im Anhang (Erläuterungsbericht) oder Lagebericht kann unterschieden werden in *semantische* und *syntaktische Analyse*. Diese werden im Folgenden erläutert.

Semantische Analyse

Im Rahmen einer *semantischen Analyse* untersucht der Analyst die Anzahl der genutzten positiv besetzten Fachbegriffe (z. B. „Umsatzsteigerung" und „Verbesserung") im Vergleich zu den negativ besetzten Fachtermini (z. B. „Verluste", „Umsatzrückgang"). Die jeweils häufiger genutzten Fachbegriffe lassen entsprechend Rückschlüsse auf die tatsächliche Situation des Unternehmens ziehen.

Syntaktische Analyse

Gegenstand der *syntaktischen Analyse* ist die Betrachtung der *ausgewählten Begriffe* bzw. die *Darstellung bestimmter Situationen*.

So macht es durchaus einen Unterschied, ob in einer Bilanzanalyse von einer Gewinnminderung in Höhe von 10 % gesprochen wird oder von einem leichten Gewinnrückgang. Während die prozentuale Angabe eine präzise Formulierung darstellt, kann man bei der zweiten Formulierung eine gegebenenfalls zu milde Darstellung unterstellen, die die tatsächliche wirtschaftliche Situation verzerrt darstellt.

© Springer Fachmedien Wiesbaden GmbH 2018   17
K. Nickenig, *Die Bilanz im Unternehmen*, essentials,
https://doi.org/10.1007/978-3-658-20419-8_4

Die *quantitative Bilanzanalyse* ist eine auf Kennziffern basierende Auswertung von Bilanzen. Diese – schon seit sehr langer Zeit existierende Auswertungsmöglichkeit – kann wiederum unterteilt werden in eine erfolgs- und finanzwirtschaftliche Analyse.

Bei der *erfolgswirtschaftlichen Analyse stehen* die Betrachtung der unterschiedlichen Rentabilitätskennziffern im Vordergrund, während bei den *finanzwirtschaftlichen Auswertungen* u. a. die Liquidität und der Aufbau/die Struktur des Vermögens bzw. des Kapitals eine entscheidende Rolle spielen.

In dieser Lektüre wird lediglich auf eine kleine Auswahl von Kennziffern Bezug genommen, da eine detailliertere Betrachtung den Rahmen sprengen würde.

Um die Analyse mit Hilfe von aussagekräftigen Kennziffern zu ermöglichen bzw. zu erleichtern, ist es üblich, zunächst eine Strukturbilanz zu erstellen.

5.1 Strukturbilanz

Die *Strukturbilanz* ist erforderlich, um überhaupt eine aussagekräftige *quantitative Bilanzanalyse* durchführen zu können.

Hierbei werden bestimmte Positionen zusammengefasst, die hierdurch einen besseren Vergleich mit anderen Bilanzen (z. B. aus Vorjahresbilanz) ermöglichen. Je mehr Bilanzen eines Unternehmens mit gleicher Struktur über mehrere Jahre miteinander verglichen werden können, desto aussagekräftiger ist das Ergebnis.

© Springer Fachmedien Wiesbaden GmbH 2018
K. Nickenig, *Die Bilanz im Unternehmen*, essentials,
https://doi.org/10.1007/978-3-658-20419-8_5

Eine einzelne Bilanz ist nur bedingt aussagekräftig, da hier die Vergleichsmöglichkeit fehlt und somit eine Entwicklung der ausgewählten Kennziffern nicht festgestellt werden kann.

Die Erstellung der *Strukturbilanz* hat zur Folge, dass aufgrund der Gliederung, die für Auswertungszwecke nicht in jedem Unternehmen nach gleichen Kriterien erfolgen muss, eine möglichst einfache und aussagekräftige Analyse durch Kennziffern (z. B. Rentabilitätsbetrachtung) möglich wird.

In manchen Fällen werden Bilanzpositionen „umgeparkt" und mit anderen Bilanzpositionen verrechnet, um im Rahmen der Analyse die Aussagekraft nicht zu verzerren.

Beispiel: Anzahlung auf Rohstoffe durch den Kunden. Erhaltene Anzahlungen gelten als Verbindlichkeiten. Durch das „Umparken" der erhaltenen Anzahlungen werden die Verbindlichkeiten erhöht und der Wert des Vorratsvermögens „Rohstoffe" verändert sich ebenfalls.

Hinsichtlich der Struktur kann eine Bilanz grob wie folgt gegliedert werden:

Aktivseite

So werden beispielsweise die Positionen auf der Aktivseite der Bilanz („Vermögens- bzw. Investitionsseite") in Anlage- und Umlaufvermögen aufgeteilt. Die Gliederung erfolgt nach Liquidierbarkeit, also der Möglichkeit, Anlagegüter in finanzielle Mittel umzuwandeln.

Das Anlagevermögen beinhaltet Vermögensgegenstände, die dazu bestimmt sind, dem Betrieb dauerhaft, also länger als 1 Jahr, zu dienen, während die Positionen des Umlaufvermögens dem Unternehmen nur vorübergehend dienen sollen (also weniger als 1 Jahr).

Passivseite

Die Positionen auf der Passivseite der Bilanz („Kapital- bzw. Finanzierungsseite") werden hingegen in Eigen- und Fremdkapital unterteilt. Diese Seite ist nach Fristigkeit gegliedert. So steht dem Unternehmen das Eigenkapital (als Ergebnis aus dem Saldo von Vermögen und Schulden) dem Unternehmen langfristig bzw. unbefristet zur Verfügung, während die Positionen des Fremdkapitals meist zeitlich befristet zurückzuführen sind.

5.2 Vermögensanalyse

Bei der *Vermögensanalyse* werden an dieser Stelle 4 relevante Kennziffern zur Auswertung der Vermögensseite der Bilanz (Aktiva) betrachtet.

5.2.1 Anlagenintensität

Die *Anlagenintensität* gehört zu einer der wichtigsten Kennziffern im Rahmen der Vermögensanalyse.

Sie wird wie folgt definiert:

$$Anlagenintensität = Anlagevermögen \, / \, Gesamtvermögen$$

Eine hohe *Anlagenintensität* ist mit einer hohen Kapitalbindung in Verbindung zu bringen. Das bedeutet, dass viele Güter des Anlagevermögens im Laufe der Zeit angeschafft wurden und hierfür entsprechendes Kapital eingesetzt wurde, welches z. B. für kurzfristige Verbindlichkeiten nicht zur Verfügung steht.

Das bedeutet, dass der Unternehmer sich für laufende Geschäfte entweder des verbleibenden Bank- oder Kassenguthabens bedienen muss oder sich fremdes Kapital gegen Zinszahlung leiht.

Eine hohe *Anlagenintensität* findet man häufig in Unternehmen, die industriell fertigen. Hier wird ein großer Anteil des Kapitals in die Betriebsmittel (z. B. Maschinen) investiert, die wiederum als Investivgüter eingesetzt werden, um Leistungen (z. B. in Form von verkäuflichen Erzeugnissen) zu erbringen. Bei Dienstleistungsunternehmen ist eine hohe *Anlagenintensität* eher selten zu finden.

Vorteil einer hohen *Anlagenintensität* ist die Sicherheit, die z. B. bei Vergabe von Darlehen durch Banken gefordert werden.

Nachteil einer hohen *Anlagenintensität* sind hohe Fixkosten, also hohe Kosten, deren Höhe nicht von der Höhe der produzierten Menge (Produktionsmenge) abhängig ist. Fixkosten werden auch als *beschäftigungsunabhängige Kosten* bezeichnet.

5.2.2 Umlaufintensität

Auch die *Umlaufintensität* ist eine sehr wichtige Kennziffer im Rahmen der Vermögensanalyse, die eine Aussage dahin gehend zulässt, wie groß der Anteil des Umlaufvermögens am Gesamtvermögen ist.

Folgende Definition gilt für die Umlaufintensität:

$$Umlaufintensität = Umlaufvermögen \, / \, Gesamtvermögen$$

Hohe Kassen- oder Bankbestände und gut gefüllte Vorratslager sind ein Garant für eine hohe *Umlaufintensität.*

Zieht der Unternehmer diese Kennziffer zur Analyse heran, sollte er sich genau die Ursache für die gegebenenfalls hohe *Umlaufintensität* ansehen. Je nach Grund ist ein Eingreifen in das betriebliche Geschehen erforderlich.

Besteht beispielsweise eine hohe *Umlaufintensität* aufgrund eines hohen Kassen- und Bankbestandes, so sieht es zwar gut aus hinsichtlich der Liquidität, die jeder Unternehmer zur Durchführung der laufenden Geschäfte benötigt. Allerdings handelt es sich bei hohen Kassenbeständen um solche Gelder, die nicht zu einer Vermögensmehrung beitragen. Denn: in der Kasse wird das Geld nicht verzinst.

Es gibt noch zahlreiche weitere Beispiele, die im Rahmen der *Umlaufintensität* anzuführen wären. Hierauf wird an dieser Stelle jedoch verzichtet.

5.2.3   Forderungsintensität

Die *Forderungsintensität* kann wie folgt definiert werden:

$$Forderungsintensität = Forderungen / Gesamtvermögen$$

Eine hohe *Forderungsintensität* liegt vor, wenn z. B. das Forderungsmanagement nicht optimal funktioniert und hohe Außenstände der Kunden dafür sorgen, dass zwar Ansprüche auf Zahlung bestehen, aber die Kunden sich mit dem Ausgleich von Rechnungen Zeit lassen. Diese Zeit kostet das Unternehmen gegebenenfalls viel Geld, nämlich dann, wenn dieses für Investitionszwecke benötigt wird und man stattdessen ein Darlehen bei der Hausbank aufnehmen muss, um die Investition realisieren zu können („Opportunitätskosten").

Bestehen, wie oben bereits dargestellt, *hohe Außenstände* und zahlen Kunden nur schleppend, so muss der betriebliche Entscheidungsträger das Forderungsmanagement optimieren. Das kann beispielsweise dadurch geschehen, dass dem säumigen Kunden finanzielle Anreize in Form von Preisnachlässen (Boni, Skonti oder Rabatte) angeboten werden, die ihn zur zeitnahen Zahlung motivieren.

5.2.4   Vorratsintensität

Die *Vorratsintensität* lässt als wichtige Kennziffer im Rahmen der Vermögensanalyse auch unterschiedliche Interpretationen zu.

So ist eine hohe Intensität unter Umständen darauf zurückzuführen, dass Vorratsvermögen in Form von z. B. Waren nicht verkauft werden konnte, weil entweder die Ware veraltet war, der Unternehmer falsch kalkuliert hat oder der allgemeine Trend am Markt nicht beachtet wurde. Im zuletzt genannten Fall würden gegebenenfalls auch wieder höhere Kosten im Bereich des Marketings anfallen.

Für die Ermittlung der *Vorratsintensität* gilt folgende Formel:

$$Vorratsintensität = Bestand\ Vorräte\ /\ Gesamtvermögen$$

So kann auch ein hoher Lagerbestand auf gut laufende Geschäfte hinweisen. Denn Unternehmer, welche kurzfristig liefern müssen (z. B. bei Saisongeschäften wie Weihnachten oder Ostern), sollten über ausreichende Waren/Erzeugnisse verfügen, um den Kunden kurzfristig bedienen zu können. Die Verwendung der *Vorratsintensität* als Kennziffer im Rahmen einer Bilanzanalyse macht in der Regel meist bei Vergleichswerten innerhalb der jeweiligen Branche Sinn.

5.3 Finanzierungsanalyse

Bei der *Finanzierungsanalyse* werden Kennziffern in Bezug auf das betriebliche Kapital betrachtet. Dieses wird auf der Passivseite der Bilanz ausgewiesen.

5.3.1 Eigenkapitalquote

Die *Eigenkapitalquote* ist eine wichtige und aussagekräftige Kennziffer für beispielsweise Unternehmer und Fremdkapitalgeber. Mit ihrer Hilfe wird ermittelt, wie hoch der Anteil des Eigenkapitals am Gesamtkapital des Unternehmens ausmacht.

Hier die Definition:

$$Eigenkapitalquote = Eigenkapital\ /\ Gesamtkapital$$

Es kann in der Regel davon ausgegangen werden, dass eine hohe *Eigenkapitalquote* ein Unternehmen vor der Insolvenz rettet. Allerdings muss dies nicht immer so sein. Hier ist eine detaillierte Analyse dieser Größe erforderlich. Darüber hinaus besteht auch keine Einigkeit darüber, ab wann eine „*hohe Eigenkapitalquote*" vorliegt. Hierüber gibt es unterschiedliche Auffassungen.

Liegt der Anteil des Eigenkapitals am Gesamtkapital (= Bilanzsumme) z. B. bei ca. 40 %, so deutet dies grundsätzlich auf eine solide Finanzierung hin. Ist die Quote wesentlich niedriger, so könnte dies ein Hinweis darauf sein, dass das Unternehmen finanzielle Schwierigkeiten hat. Denn in diesem Fall überwiegt das Fremdkapital.

Die *Eigenkapitalquote* ist eine wichtige Größe im Rahmen der Fremdfinanzierung über Kreditinstitute. Ist die Quote niedrig, so wird es schwieriger sein, ein Darlehen zu günstigen Konditionen zu erhalten, als bei einer Quote, die auf eine ansonsten solide Finanzierung hinweist.

5.3.2 Fremdkapitalquote

Auch die *Fremdkapitalquote* sagt sehr viel über die Zusammensetzung der Kapitalseite (Passiva) aus. Sie wird wie folgt definiert:

$$Fremdkapitalquote = Fremdkapital \, / \, Gesamtkapital$$

Ist der Anteil des Fremdkapitals in Bezug auf das Gesamtkapital hoch, so kann hieraus geschlossen werden, dass das Unternehmen gegebenenfalls finanzielle Schwierigkeiten hat. Fremdkapital (z. B. Darlehen) verursacht Zinsen (= Entgelt für die Inanspruchnahme von Fremdkapital), die wiederum als Aufwand und somit als Verlust in die Gewinn- und Verlustrechnung eingehen und schlussendlich den Anteil des Eigenkapitals reduzieren.

Es macht durchaus Sinn, diese Kennziffer im Rahmen der Analyse detailliert zu betrachten und die Frage zu klären, ob beispielsweise eine Umschuldung eines teuren Darlehens in ein zinsgünstigeres Darlehen sinnvoll erscheint.

So gehört beispielsweise die Lieferantenverbindlichkeit mit der Option des Skontoabzugs zu den teuren Lieferantenkrediten, wenn der Rechnungsausgleich nicht fristgerecht erfolgt. Denn dann ist der Gesamtbetrag inklusive Skonto an den Lieferanten zu bezahlen. Findet der Ausgleich jedoch fristgerecht statt, so darf Skonto in Abzug gebracht werden. Hier ist es beispielsweise zu überlegen, ob die Aufnahme eines Bankdarlehens zur kurzfristigen Finanzierung aufgenommen werden sollte, um fristgerecht die Lieferantenverbindlichkeit zu zahlen, um den doch meist attraktiven Preisnachlass in Anspruch zu nehmen.

5.3.3 Verschuldungsgrad

Der *Verschuldungsgrad* gibt an, wie hoch der Anteil des Fremdkapitals in Bezug zum Eigenkapital ausfällt. Es gilt:

$$Verschuldungsgrad = Fremdkapital \, / \, Eigenkapital$$

Liegt ein hoher *Verschuldungsgrad* vor, so ist gegebenenfalls das Unternehmen nicht solide finanziert, da der Eigenkapitalanteil geringer ist als der des Fremdkapitals.

▶   Zinsen für Fremdkapital mindern das betriebliche Ergebnis und führen zur Reduzierung des Eigenkapitals.

5.3.4   Leverage-Effekt

Mit zusätzlicher Aufnahme von Fremdkapital kann die vorgenannte Eigenkapitalrentabilität, also die Verzinsung des Eigenkapitals, positiv beeinflusst werden.

Dies ist dann möglich, wenn die Gesamtkapitalrendite, also die gesamte „Verzinsung" von Eigen- + Fremdkapital höher ist als der Fremdkapitalzins.

Diesen Effekt kennt man unter dem sogenannten *„Leverage-Effekt"*.

Leverage-Effekt mit positiver Wirkung

Ein *Leverage-Effekt* mit positiver Wirkung liegt dann vor, wenn ein Unternehmer z. B. ein Darlehen zu 6 % aufnimmt und die Investitionsrendite 8 % ausmacht. Dann hat der Unternehmer einen positiven Effekt in Höhe von 2 % erzielt.

Beispiel zu Leverage-Effekt mit positiver Wirkung

Unternehmer kauft eine Maschine und finanziert diese mit Fremdkapital zu einem Zinssatz von 6 %. Die Rendite, die er durch Einsatz seiner Maschine und den hierdurch produzierten Erzeugnissen erzielt, beträgt insgesamt 8 %.

Die Folge ist ein positiver *Leverage-Effekt,* welcher sich auch positiv auf die Eigenkapitalrentabilität auswirkt.

Leverage-Effekt mit negativer Wirkung

Würde jedoch der Darlehenszins bei 11 % liegen und die Investitionsrendite beläuft sich weiterhin auf 8 %, so läge ein negativer Leverage-Effekt (./. 3 %) vor.

Beispiel zu Leverage-Effekt mit negativer Wirkung

Unternehmer kauft eine Maschine und finanziert diese mit Fremdkapital zu einem Zinssatz von 11 %. Die Rendite, die er durch Einsatz seiner Maschine und den hierdurch produzierten Erzeugnissen erzielt, beträgt insgesamt 8 %.

Die Folge ist ein negativer *Leverage-Effekt,* welcher sich auch negativ auf die Eigenkapitalrentabilität auswirkt.

5.4   Weitere Bilanzierungsregeln und Kennziffern

In diesem Kapitel wird auf weitere Bilanzierungsregeln und Kennziffern, wie z. B. der Goldenen Bilanzregel oder Goldene Finanzierungsregel eingegangen.

5.4.1 Goldene Bilanzregel

Die *Goldene Bilanzregel* besagt, dass Güter des Anlagevermögens stets durch langfristiges Kapital (Eigenkapital oder Eigenkapital + langfristiges Fremdkapital) finanziert sein sollten, während der Teil des Umlaufvermögens durchaus auch über kurzfristiges Fremdkapital finanziert sein kann.

5.4.2 Goldene Finanzierungsregel

Die *Goldene Finanzierungsregel* besagt, dass die Kapitalbindungsdauer identisch mit der Kapitalbereitstellungsdauer sein sollte.

Nimmt der Unternehmer beispielsweise ein Darlehen für die Finanzierung einer Maschine in Anspruch, die 3 Jahre genutzt werden soll, so sollte auch die Finanzierung nicht über einen Zeitraum von mehr als 3 Jahren eingeplant werden („Fristenkongruenz").

So ist die Finanzierung z. B. von Vorräten (Umlaufvermögen) durch kurzfristiges Fremdkapital (Lieferantenkredit) möglich. Handelt es sich bei den erworbenen Handelswaren jedoch um „Ladenhüter", die nicht kurzfristig verkauft werden können, stellt gegebenenfalls der Ausgleich der Lieferantenrechnung ein Problem dar.

5.4.3 Anlagendeckung

Die Kennziffer *Anlagendeckung* gibt an, zu wieviel Prozent das Anlagevermögen durch das Eigenkapital gedeckt ist. Es gilt die goldene Bilanzregel, die bereits oben dargestellt wurde. Es sind zwei Anlagendeckungsgrade zu ermitteln:

Anlagendeckungsgrad I
Eine optimale Situation ist gegeben, wenn die *Anlagendeckung* 100 % beträgt, also das Anlagevermögen durch das Eigenkapital gedeckt ist.

Es gilt für *Anlagendeckungsgrad I:*

$$Anlagendeckung\,I = Eigenkapital\,/\,Anlagevermögen$$

Anlagendeckungsgrad II
Bezieht man bei der vorgenannten Betrachtung noch das Fremdkapital ein, so ergibt sich die Formel zum *Anlagendeckungsgrad II:*

$$Anlagendeckung\,II = (Eigenkapital + langfristiges\,Fremdkapital)\,/\,Anlagevermögen$$

Diese Kennziffer gibt Auskunft darüber, inwiefern das Anlagevermögen nicht ausschließlich durch Eigenkapital, sondern durch langfristiges Kapital – nämlich Eigen- und langfristiges Fremdkapital – gedeckt ist. Eine optimale Situation ist gegeben, wenn der *Anlagendeckungsgrad II* größer oder gleich 100 % ist. Sofern er einen höheren Wert als 100 % ausweist, sind auch Teile des Umlaufvermögens mit langfristigem Kapital gedeckt.

5.4.4 Liquiditätskennziffern

Die *Liquidität,* also die Möglichkeit, kurzfristig Verbindlichkeiten ausgleichen zu können, kann mithilfe der *Liquiditätskennziffern 1., 2. oder 3. Grades* ermittelt werden.

Liquidität 1. Grades

Bei dieser Kennziffer wird der Bestand an flüssigen Mitteln (Kasse und Bank) ins Verhältnis zu den kurzfristigen Verbindlichkeiten (Verbindlichkeiten mit einer Laufzeit bis zu 1 Jahr + bestimmte Rückstellungen) gesetzt.

Es gilt:

$$Liquidität\ 1.\ Grades = liquide\ Mittel\ /\ kurzfristige\ Verbindlichkeiten$$

Ist das Ergebnis größer als 100 %, so liegt eine hohe Zahlungsfähigkeit vor. Es können kurzfristige Verbindlichkeiten (zum jeweiligen Betrachtungszeitpunkt) kurzfristig mit Barmitteln ausgeglichen werden.

Liquidität 2. Grades

Bei der *Liquidität 2. Grades* wird die Summe aus den liquiden Anteilen und den kurzfristigen Forderungen (Laufzeit bis zu 1 Jahr) ins Verhältnis zu den kurzfristigen Verbindlichkeiten (Laufzeit bis zu 1 Jahr) gesetzt.

Es gilt:

$$Liquidität\ 2.\ Grades = (liquide\ Mittel\ +\ kurzfristige\ Forderungen)\ /\ kurzfristige\ Verbindlichkeiten$$

Grundsätzlich sollte das Ergebnis über 100 % bis ca. 120 % liegen, damit Zahlungsengpässe auszuschließen sind. Werte unterhalb von 100 % sollten den Unternehmer zu einer detaillierten Analyse der jeweiligen Laufzeiten und Zahlungsmöglichkeiten motivieren. Hier wäre beispielsweise die Überprüfung des Forderungsmanagements empfehlenswert.

Liquidität 3. Grades

Bei der *Liquidität 3. Grades* wird die Summe aus liquiden Mitteln, kurzfristigen Forderungen (Laufzeit bis zu 1 Jahr) und dem Vorratsvermögen ins Verhältnis zu den kurzfristigen Verbindlichkeiten (Laufzeit bis zu 1 Jahr) gesetzt.

Es gilt:

$$\textit{Liquidität 3. Grades} = (\textit{liquide Mittel} + \textit{kurzfr. Ford.} + \textit{Vorräte}) / \textit{kurzfr. Verbindlichkeiten}$$

Hier sollte das Ergebnis über ca. 120 % liegen. Für den Fall, dass der Wert niedriger liegt, sind gegebenenfalls Güter des Anlagevermögens kurzfristig finanziert. Dies würde gegen die goldene Bilanzregel verstoßen, wonach langfristiges Vermögen durch langfristiges Kapital gedeckt sein sollte.

5.4.5   Eigenkapitalrentabilität

Die *Eigenkapitalrentabilität* ist eine sehr aussagekräftige Kennziffer, wenn in diesem Zusammenhang auch die Eigenkapitalquote berücksichtigt wird.

Sie wird wie folgt definiert:

$$\textit{Eigenkapitalrentabilität} = \textit{Gewinn} / \textit{Eigenkapital}$$

Mithilfe der *Eigenkapitalrentabilität* wird die „Verzinsung" des Eigenkapitals durch das erzielte Ergebnis dargestellt. J.

Je höher die *Eigenkapitalrentabilität,* umso interessanter ist das Unternehmen für potenzielle Investoren. Auch die Aufnahme von Fremdkapital zu günstigen Konditionen ist bei einer hohen Rentabilität eher gewährleistet, als bei einer niedrigen. Dieses ist aber stets im Einzelfall näher zu beleuchten.

5.4.6   Gesamtkapitalrentabilität

Bei der *Gesamtkapitalrentabilität* handelt es sich um eine Kennziffer, welche die Verzinsung des gesamten Kapitals, also des Eigen- und des Fremdkapitals, ausweist.

Es gilt:

$$\textit{Gesamtkapitalrentabilität} = (\textit{Bilanzgewinn} + \textit{Fremdkapitalzinsen}) / \textit{Gesamtkapital}$$

Mithilfe dieser Kennziffer kann der Unternehmer feststellen, wie hoch seine realisierte Rendite durch das von ihm eingesetzte Eigen- und Fremdkapital ausfällt.

Umso höher die Rentabilitätskennziffer, umso effektiver wurde das vorhandene Gesamtkapital eingesetzt.

5.4.7 Cash Flow

Der *Cash Flow* ist eine wichtige Kennziffer zur Ermittlung des (aktuellen) internen Zahlungsmittelüberschusses. Hinsichtlich der Ermittlung unterscheidet man zwischen der direkten und indirekten Methode.

Cash Flow (direkte Methode)

Bei der direkten Methoden werden Zahlungszu- und –abflüsse innerhalb eines bestimmten Zeitraums gegenübergestellt. Dazu ist es wichtig zu wissen, welche Geldbeträge dem Unternehmen zugeflossen sind bzw. welche Geldbeträge abgeflossen sind. Dieses kann der Buchhaltung entnommen werden.

Je höher der *Cash Flow* ausfällt, desto besser ist die Zahlungsfähigkeit im Hinblick auf kurzfristige Verbindlichkeiten.

Es gilt:

$$Cash\,Flow = Einzahlungen \,.\!/\!.\, Auszahlungen$$

Aber: Die Kennziffer eignet sich kaum für Prognosen, dient eher zur Analyse der aktuellen Zahlungssituation.

Cash Flow (indirekte Methode)

Bei der indirekten Methoden wird der *Cash Flow* retrograd (ausgehend vom Jahresüberschuss) ermittelt.

Es gilt:

$$Cash\,Flow = Jahresüberschuss + nicht\,zahlungsw.Aufwendungen \,.\!/\!.\, nichtzahlungsw.Erträge$$

Aus theoretischer Sicht müssten in beiden Fällen (also bei der indirekten und der direkten Methode) das gleiche Ergebnis erzielt werden.

5.5 Analysesystem (Beispiel: DuPont-Schema)

Das *DuPont-Schema* (s. Abb. 5.1) ist auch unter dem Begriff *DuPont-Kennzahlensystem* bekannt. Es handelt sich hierbei um ein Analysesystem aus dem Jahr 1919, mit dessen Hilfe der „Return-on-Investment" (kurz: ROI) oder auch die bereits oben erwähnte „Gesamtkapitalrentabilität" ermittelt werden kann.

Aufgrund dieses Schemas lassen sich Stärken und Schwächen eines Unternehmens erkennen. Die anschließende Berücksichtigung dieser Informationen in zukünftigen betrieblichen Entscheidungen hilft, den positiven unternehmerischen Erfolg voranzutreiben.

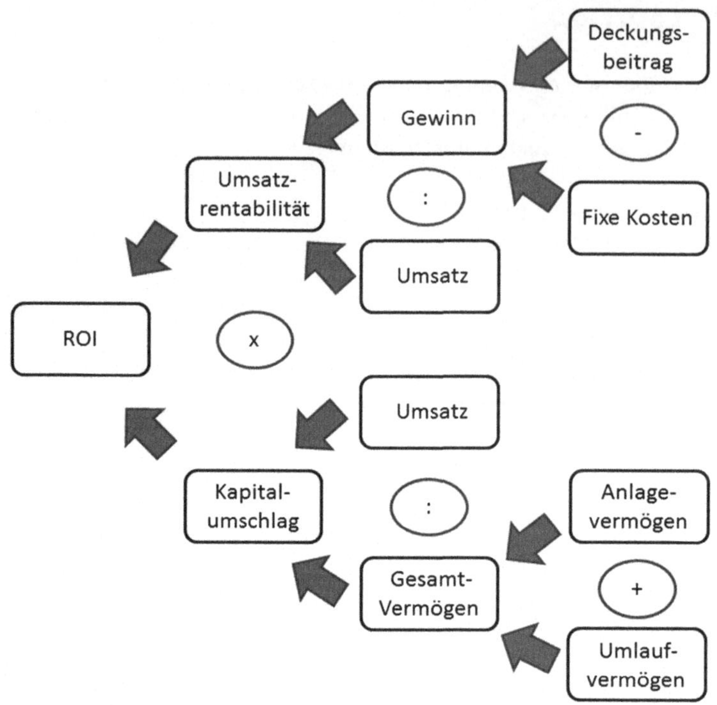

Abb. 5.1 DuPont-Schema (vereinfacht)

Um das DuPont-Schema besser verstehen zu können werden nun die einzelnen Bausteine erläutert.

Return On Investment (ROI)

Diese Kennziffer dient dazu, die Kapitalrentabilität zu ermitteln. Sie wird im DuPont-Schema aufgespalten in die Kennziffern *Umsatzrentabilität* und *Kapitalumschlag*. Wenn man die Umsatzrentabilität durch den Kapitalumschlag dividiert, erhält man den ROI.

▶   Es gilt: ROI = Umsatzrentabilität / Kapitalumschlag

Umsatzrentabilität

Wie aus dem DuPont-Schema zu entnehmen ist, wird die *Umsatzrentabilität* ermittelt, indem der „Gewinn" durch den „Umsatz" dividiert wird.

▶   Es gilt: *Umsatzrentabilität* = Gewinn / Umsatz

Kapitalumschlag

Beim *Kapitalumschlag* handelt es sich um eine Kennziffer, welche den Umsatz pro Gesamtkapital bzw. Gesamtvermögen ermittelt. Je höher der *Kapitalumschlag,* desto höher ist die Rendite des Unternehmens.

▶   Es gilt: *Kapitalumschlag* = Umsatz / Gesamtkapital

Umsatz

Der *Umsatz* ist das Ergebnis aus der Multiplikation von „Preis" und „Menge".

▶   Es gilt: *Umsatz* = Preis × Menge

Gesamtkapital

Das *Gesamtkapital* entspricht dem „Gesamtvermögen" (siehe Bilanz). So muss die Höhe der Aktivseite (Investitionsseite) summarisch der der Passivseite (Kapitalseite) entsprechen.

▶   Es gilt: *Gesamtkapital* = Eigenkapital + Fremdkapital

bzw.

▶   *Gesamtkapital* = Anlagevermögen + Umlaufvermögen

Anlagevermögen

Zum *Anlagevermögen* zählen sämtliche Güter, die dazu bestimmt sind, dem Betrieb dauerhaft (also länger als 1 Jahr) zu dienen. Beispiele: Grundstück, Fuhrpark, Beteiligungen

▶   Es gilt: *Anlagevermögen* besteht aus Anlagegütern mit einer voraussichtlichen Zugehörigkeit zum Betriebsvermögen von >1 Jahr.

Umlaufvermögen

Zum *Umlaufvermögen* zählen sämtliche Güter, die dazu bestimmt sind, dem Betrieb vorübergehend (also weniger als 1 Jahr) zu dienen. Beispiele: Forderungen, Vorräte, Kassenbestand

▶   Es gilt: *Umlaufvermögen* besteht aus Gütern mit einer voraussichtlichen Zugehörigkeit zum Betriebsvermögen von <1 Jahr.

Deckungsbeitrag

Der *Deckungsbeitrag* ist die Differenz aus den erzielten Erlösen („Umsätzen") und den „variablen Kosten". Er gibt an, wieviel zur Deckung der fixen Kosten übrig bleibt.

▶   Es gilt: *Deckungsbeitrag* = Erlöse – variable Kosten

Fixe Kosten

Fixe Kosten sind solche, die zu den beschäftigungsunabhängigen Kosten zählen. Das bedeutet, dass diese Art der Kosten jederzeit anfällt, völlig gleichgültig, ob produziert wird oder nicht. Beispiele: Miete, Versicherungen, Grundsteuer

Variable Kosten

Variable Kosten gehören zu den beschäftigungsabhängigen Kosten. Das heißt, sobald produziert wird, steigen auch die dazugehörigen *variablen Kosten* (meist proportional) an. Beispiele: Lohnfertigungskosten, Materialkosten, Energiekosten

Gesamtkosten

Die *Gesamtkosten* setzen sich zusammen aus den variablen und fixen Kosten.

▶   Es gilt: *Gesamtkosten* = variable Kosten + fixe Kosten

5.6   Entscheidungsfindung

Die *Entscheidungsfindung,* welche täglich in den einzelnen Betrieben stattfindet (z. B. zwecks Einstellung zusätzlichen Personals), sollte nicht nur auf der Basis von Zahlen erfolgen. Zahlreiche andere Faktoren, die den zu entscheidenden Sachverhalt beeinflussen, sind jeweils mit zu berücksichtigen.

Demgegenüber ist es aber auch nicht zu empfehlen, Analysen von buchhalterischen Auswertungen (z. B. BWA = Betriebswirtschaftliche Auswertung) völlig bei der Entscheidungsfindung außer Acht zu lassen.

Es ist zu bedenken, dass die Buchführung und somit auch die Bilanz und Gewinn- und Verlustrechnung vergangenheitsorientierte Werte beinhalten. Sie stellen – sofern nach den Grundsätzen der ordnungsgemäßen Buchführung erfasst – eine gute Grundlage für kaufmännisch vernünftige Entscheidungen dar.

Darüber hinaus sollten aber auch z. B. Planungsrechnungen, Kalkulationen und sonstige Berechnungen aus der Kostenrechnung, die ja zukunftsorientierte Werte beinhalten, bei der Entscheidungsfindung berücksichtigt werden.

5.7   Kritik an der Bilanzanalyse

Im Rahmen der *Bilanzanalyse* sind einige *Kritikpunkte* anzuführen. So basieren ermittelte Kennziffern auf Vergangenheitswerten (Buchhaltung ist stets vergangenheitsorientiert), die manchmal nur bedingt zuverlässige Prognosen ermöglichen oder diese sogar ausschließen. Als Beispiel sei hier die Kennziffer „Cash Flow" erwähnt.

Bei der *Bilanzanalyse* wird stets vom Entscheidungsträger im Unternehmen eine lediglich gezielte Auswahl der zu betrachtenden Kennziffern vorgenommen. Somit ist eine allumfassende Analyse aufgrund der Vielzahl der vorhandenen Kennzahlen nahezu unmöglich.

Das Unternehmen wird natürlich „vereinfacht" unter die Lupe genommen. Eine Betrachtung der komplexen, realistischen Struktur ist aus wirtschaftlichen Gesichtspunkten nahezu unmöglich.

Auch eine Änderung bestimmter Bewertungsmaßnahmen im Rahmen der Bilanzierung oder die Änderung der Darstellung von bestimmten Bilanzpositionen führen zu Verzerrungen, die sich wiederum auch die Kennziffern auswirken.

Es gibt sicherlich noch zahlreiche weitere Kritikpunkte, die hier angeführt werden könnten. Diese kleine Auswahl soll jedoch an dieser Stelle genügen.

Fazit 6

Die Bilanz im Unternehmen ist nicht nur für bestimmte externe Adressaten interessant, sondern sollte insbesondere durch die Entscheidungsträger im Unternehmen anhand ausgewählter Kennziffern betrachtet und analysiert werden, damit zukünftige Entscheidungen kaufmännisch vernünftig getroffen werden und die Substanzerhaltung des Unternehmens für lange Zeit gewährleistet ist. Die Autorin wünscht Ihnen hierbei: Viel Erfolg!

© Springer Fachmedien Wiesbaden GmbH 2018
K. Nickenig, *Die Bilanz im Unternehmen,* essentials,
https://doi.org/10.1007/978-3-658-20419-8_6

Was Sie aus diesem *essential* mitnehmen können

- Überblick hinsichtlich Aufbau und Sinn einer Bilanz
- Wichtige Bilanzierungsregeln
- Analyse der Bilanz mit ausgewählten Kennziffern

© Springer Fachmedien Wiesbaden GmbH 2018
K. Nickenig, *Die Bilanz im Unternehmen*, essentials,
https://doi.org/10.1007/978-3-658-20419-8

Literatur

1. http://www.gesetze-im-internet.de/estg/__4.html; Abruf am 16.07.2017.
2. https://www.gesetze-im-internet.de/hgb/__247.html; Abruf am 29.10.2017.
3. https://www.gesetze-im-internet.de/hgb/__266.html; Abruf am 29.10.2017.
4. http://www.gesetze-im-internet.de/estg/__4a.html; Abruf am 16.07.2017.
5. http://www.gesetze-im-internet.de/hgb/__275.html; Abruf am 29.10.2017.
6. http://www.gesetze-im-internet.de/hgb/__284.html; Abruf am 29.10.2017.
7. http://www.gesetze-im-internet.de/hgb/__285.html; Abruf am 29.10.2017.
8. https://www.gesetze-im-internet.de/ao_1977/__140.html; Abruf am 29.10.2017.
9. https://www.gesetze-im-internet.de/ao_1977/__141.html; Abruf am 29.10.2017.
10. https://www.gesetze-im-internet.de/estg/__11.html; Abruf am 29.10.2017.
11. https://www.gesetze-im-internet.de/hgb/__239.html; Abruf am 30.10.2017.
12. https://www.gesetze-im-internet.de/hgb/__252.html; Abruf am 31.10.2017.
13. https://www.gesetze-im-internet.de/hgb/__243.html; Abruf am 31.10.2017.

© Springer Fachmedien Wiesbaden GmbH 2018
K. Nickenig, *Die Bilanz im Unternehmen*, essentials,
https://doi.org/10.1007/978-3-658-20419-8